**Astrid Evelt
Meine Welten –
My worlds**

Meine Welten –

My worlds

Astrid Evelt

Herstellung und Verlag:
BoD - Books on Demand, Norderstedt
ISBN 978-3-7412-5175-7

Texte: © Copyright by Astrid Evelt
Bilder: © Copyright by Astrid Evelt

Meine Welten/My Worlds
Zum Thema Liebe und Leben/
About Life and Love

Oftmals wird auf ein Silberstreif am Horizont
im Leben gewartet, dabei wird übersehen,
dass es mitunter bis zum Abend dauern kann,
bis man ein Wunder erkennt.

༄ ༄

Obwohl ich im echten Leben keine
Sehhilfe brauche,
um Dinge gut zu erkennen,
brauche ich wohl *"deine Brille"*,
um dich und mich besser sehen
zu können –
deine Brille war zwar nie rosa,
aber du hast alles besser gesehen als ich..

Was in einem Moment ein Schatten ist, kann im nächsten Moment ein wunderschönes Bild in leuchtenden Farben sein.

❧ ☙

Es gibt Tage, an denen jeder Lichtbringer
gegen dunkle Wolken kämpfen muss
und selbst wenn man sie nicht mehr
hinter den Wolken erkennen kann,
scheinen sie so hell, dass sie sogar die
finsteren Tage mit Hoffnung auf heitere
Momente geben.

॰ঙ্ক ঙ্ক॰

Wer nur auf der Suche nach dem
Silberstreif am Horizont ist,
kann leicht den kleinen funkelnden
Stern übersehen, der einem ein
Lächeln auf das Gesicht zaubern
kann und einen Glücksmoment
beschert.

Wenn es dir unmöglich erscheint an
ein Ziel zu gelangen, weil es
unerreichbar scheint und es vor dir
noch niemand geschafft hat,
kann es ein Zeichen sein über
sich hinauszuwachsen und
vielleicht doch das Unmögliche
möglich zu machen.

Es gibt Momente im Leben
da kann man die Schönheit
des Moments erfassen,
es kann mitunter auch dann
sein, wenn man fast nicht
mehr damit rechnet und man
sich aufs Aufgeben vorbereitet...

Nur allzu oft lassen wir uns
von außen vorgeben,
wann für uns das Licht in
unser Leben scheint –
dabei hat alles seine eigene Zeit –
das Licht genauso wie die Dunkelheit.
Nicht immer ist die Dunkelheit
etwas Schlechtes –
Sie kann uns auch Zeit zum Ausruhen
und zum Nachdenken geben. Probleme,
schwankende Gefühle, schwirrende
Gedanken und fliegende Ideen
verschwinden im Schatten,
nur um im neuen Licht wiederzukehren.
Und das neue Licht kann eine neue Sicht
auf die Dinge bringen, wenn wir ihm
erlauben können zu seiner Zeit in
unserem Leben zu scheinen und zu
glänzen ohne Druck von außen..

Bisweilen braucht man eine
wichtige Antwort von außen,
aber manchmal kommt die
wichtige Antwort aus dem
eigenen Herzen!

⁂

Viele suchen Diamanten in einem
Haufen von Steinen und übersehen
dabei die Schönheit der anderen Steine..
Erst wenn du das Leuchten in diesen
Steinen siehst, weißt du, dass du nicht
suchen musst, dass jeder Stein etwas
Edles in sich birgt.
Dann weißt du, was wirklich wichtig ist.

Nur wer seinen eigenen Schatten
meistern kann, wird die Stärke
in sich finden, um sich den
Widrigkeiten des Lebens zu stellen
und sie, wenn nötig, zu bekämpfen.
Und er wird dig Kraft haben
für seine Lieben zu kämpfen.

So lange wir das wunderschöne,
blaue Meer und die strahlende
Sonne vor Augen behalten, ist es
egal wie steinig der Weg dahin ist!

꿍 꿍

Manchmal ohne dass du es bemerkst,
geht für dich die Sonne auf.
Sie begleitet dich durch die dunkle
Zeit und bringt neues Licht auf
deinen Weg.
Sie lässt dich Hindernisse erkennen
und schenkt dir Wärme, so dass du
gut vorankommst

Die Sicht auf die Dinge kann sich im
Licht des Tages verändern:
Was im Morgengrauen wie ein
Traumschloss wirkt, zu dem man sich
weit weg wünscht – kann im
Zwielicht der Morgenröte wie eine
undurchdringliche Wand wirken.
Jedoch wenn der goldene Schein der
Sonne darauf glitzert, entpuppt sich
das Ganze als wunderschön gestaltete
Hecke aus Lebensbäumen, von der
man nur allzu gerne ein Erinnerungsfoto
mit nach Hause nimmt.

Es gibt Zeiten, an denen es nichts nützt die
Stimme zu erheben und in den höchsten
Tönen zu lamentieren, weil das
sehnsüchtige Flehen ignoriert wird.
In solchen Momenten reagieren andere
eher, wenn man sich schweigend,
lächelnd alles anschaut.
Erst wenn diese Aufmerksamkeit auf
uns gelenkt haben, können wir unsere
Wünsche und Bedürfnisse äußern,
denn die Seele hat gelernt sich auf
diese Stille einzulassen und zuzuhören.

Bisweilen glauben wir einen Weg zu kennen,
den wir schon oft gegangen sind.
Jedoch wenn ein wenig Zeit vergeht bis wir
ihn wieder besuchen, kann sich der Weg
derart verändern, dass wir uns schlecht
zurecht finden und uns vielleicht sogar
verlaufen können.
Eine solche Situation zwingt uns zu
einer Entscheidung:
Entweder wir verharren auf der Stelle,
oder wir lernen den Weg neu kennen,
oder wir suchen uns einen neuen Weg.

Du

Ich kann sehen wie du dich abmühst,
du wärst gerne der Mann meiner
Träume, der eine tragende Rolle ist und
meine Träume wahr machen kann.

Ich kann sehen wie sehr du dir ein
Bein ausreißt, nur um mir zu zeigen,
dass du dieser Traumprinz bist
oder sollte ich sagen König, der mir zeigt,
was er mir zu bieten zu hat und alles
möglich machen kann?!

Ich kann sehen wie sehr du dich
beweisen willst, um mein edler Ritter zu
sein, der für alle seine Lieben kämpft und
sie schützt.
Ich kann sehen wie sehr du mir zeigen willst,
dass du mein Held bist und mich aus
schlimmen Situationen retten kannst.

Aber was du nicht sehen kannst, dass du
bereits all' das für mich bist: Der Mann
meiner Träume, der König, der edle Ritter,
und mein Held..
und zwar einfach so wie du bist -
ohne dich beweisen zu müssen.
Ich liebe dich wie du bist!

Well...

Sometimes that otherworldly, fantastic
Happy End of a Fairytale –
That lofty, unrealistic, farfetched dream –
That wish to reach out for the stars isn't
so far away as it seems..
It's inside of you and you only need to
find this kind of magic in you to create
this world –
To reach for any lofty goals.
And sometimes you already know
the like-minded souls answered you
in one way or another to create
A world we want to live in!

Seufz

Es gibt Tage,
an denen schwelgt die Poesie
mit viel Licht und Liebe.
Und es gibt Tage,
die gehören aus dem
Kalender gerissen -
da bleibt man am besten
im Bett oder begibt sich
wieder dahin und zieht
sich das Kissen über
den Kopf.
Tage, an denen man
früher oder später zur
Furie oder zum Beserker
wird.
Tage, an denen man nicht
weiß, was man daraus
machen soll.

Kannst du mein Freund sein?
(September 2015 Version)

Wenn du mein Freund sein willst,
musst du mich akzeptieren wie ich bin
und nicht versuchen mich zu verbiegen.
Du solltest dich daran gewöhnen, dass
ich dir zu Hilfe eilen werde, auch wenn
du es nicht willst oder brauchst, ich
werde mir auch so manches Bein für
dich ausreißen.

Wenn du wirklich brauchst, werde ich
für dich da sein, auch um 3 Uhr nachts.
Wenn ich mir Sorgen um dich mache,
dann fange ich an mit allem, was ich
habe, mich um dich zu kümmern und
manchmal baue ich dich wieder auf.

Ich unterstütze dich, wenn ich es
schaffe und wenn ich denke, dass du
es brauchen kannst… selbst wenn es
mir selbst schlecht geht, weil es mir
auch hilft, also bekämpfe es nicht.

Allerdings wenn du irgendwelche
Erwartungshaltungen haben solltest,
wirst du enttäuscht, ich mache die Dinge
auf meine Weise und die sind nicht
immer offensichtlich oder so wie du es
dir wünscht.

Ich habe gerne Leute um mich, mit denen
ich auf einer Ebene kommunizieren kann,
ohne belächelt zu werden oder von oben
herab behandelt zu werden, also brauchst
du keine großen Reden schwingen.

Wenn du mein Freund sein willst, wirst
du meinen Humor kennen lernen, der oft
total verdreht ist, also bereite dich darauf
vor aufzufallen, wenn du es nicht willst.

Als mein Freund kennst du dann meine
Macken und du kannst sie akzeptieren
Oder ignorieren, aber abstellen werde
ich sie nicht, sie gehören zu mir und ich
habe nun mal einen an der Klatsche.

Wenn du meine Kuschel-Attacken
ertragen kannst, dann bist s du chon
einen Schritt in meine Richtung gegangen.
Wenn du meine Launen ertragen kannst,
hast du schon fast gewonnen, denn die
gehören genauso zu mir wie deine zu dir.

Manchmal werden wir uns fetzen und
manchmal ziehe ich mich zurück.

Wenn du mir zuhören kannst und mir
glaubst, wenn ich die Wahrheit sage,
auch wenn sie noch unglaubwürdig
erscheint – wenn du mir darüber
vertrauen kannst, dass ich dich nicht

betrüge – wenn du es verträgst meine
Meinung offen zu hören, auch wenn
sie hin und wieder nicht nett ist,
dann bist du mein Freund.

Ich erwarte nicht, dass du die gleichen
Vorstellungen von dieser Freundschaft
hast wie ich, aber ich würde mir echt eine
Chance haben dich kennen zu lernen.

The Heart of Music

The Heart of Music
Always dances in the sun.
It's in its nature to find a
Way through the shade
Of the nightfall.
Its power is to sing out
The emotions and thoughts,
making it stronger with
each new beat and sound.

The Heart of Music
Always plays its very own
Melody and beats in its
Own rhythm.
It invites other hearts to
dance along to the
Rhythm of this Music.

Sometimes the Heart of Music
Finds another one, who
Beats in the same tone.
Together they can make a
Day brighter and a smile
Wider for each other and
The rest of the world, just

By sharing their love and
Their music,
Finding the sun in the
Darkest places.

I know you have a
Heart of Music and
Your heart yearns for new
Music to fill the void, so
You can dance in the
Sun again.
My heart will always
Help yours to find a
New melody to sing,
so you can have your
strength back.

This is not

This is not what it's supposed to be –
This is not what it should be –
I don't know what it is,
For it's not clear to see!

Can you tell me what it is?
This is not what it's meant to be –
This is not what it could be –
Tell me what it is!

※

I want you

I want you
Just to let you know
I need you
It doesn't matter who you are
It doesn't matter what you are
There's no one else,
who makes me feel this way
It doesn't matter what you look like
It doesn't matter to me
You're still my number one
I want you and
I need you

I could kiss you all day and
all night long
I want to be in your arms,
where I feel safe and warm
You smile makes my day brighter
Just smile for me!
I love you!
I want to celebrate this love with you!

Just love me

Just love me
Let's pretend not to know
That I didn't play by your rules
Just love me
You're the only one I want
You're the one I need
Just love me
Is all I ask

Just love me, love me, love me – right now!
Don't you know?
Can't you see that you're the one for me?
Just love me...
Now!

Sometimes..

Sometimes my life breaks into pieces,
sometimes it feels like dancing under the rainbow,
sometimes you lift me up,
sometimes you push me away,
sometimes I know, we're meant to be,
sometimes I know that's a silly thought.

Waiting for a brighter day to be sure:
We're meant to be!!!

This is your love and mine

This is your love and mine
Two sides of the same coin
Two sides of one mirror
Reflecting each other's love,
showing us the best we see
in each other,
making us strong together

Never stepping back from problems
Having no fear, just the trust
in each other to resolve it all!
No need to compete with
each other
We find peace in unity!
That's where our love lies!

This is your love and mine #2

This is your love and mine
This is only us in love
I'm yours and you're mine
This is your love and mine
You have my love and
I have yours
To find peace in each
other's arms

This is your love and mine
To have and hold
To be there for each other
with peace and love
To help each other through
the hard times
This is your love and mine!

Tell me

Tell me you want me
Tell me what it is
Tell me that no one
can fall from the stars

Because I need to know
'cause I have to know
Tell me what I need to know
Tell me ' cause I have to know
Is you and me or
just a fantasy?
You made me believe that
I'm here to stay - with you!
The stars told me so,
your voice told me so!

Mother of the night or
the shining light -
Tell me what it is!
The Ace of hearts
or the poor fool -
Tell me what am I to you?

If ..

If this love could
last forever -
Would you tell me
you love me?
If we can stand
strong together, will
you be there?

I'd like to know,
I need to know -
Can you be there?
I always be there,
right in your heart.
Can this love last
forever, if we want
it to?

And we want it to,
this could last forever.
I know, it does.
Believe me, it does -
right there in the heart.

Just love me #3

Just love me
I don't know where
this goes
Just love me is all I ask
Just love me
without restriction
I don't know where
this ends
Just love me

Don't get lost
in absurditiy
Just love me
Don't get lost
in the chaos

Just love me
and we'll find
a way through
the strife

Just love me
We find a way
through the chaos
Nothing is lost
No more tears
Just love me

All

All I could find
All that I needed
was a place to be!

You were my home -
my loving home!
Will you be my
loving home again?

I'm sitting out there
in the rain -
the cold and lonely rain
And it's draining
me again!

Will you be my life and
love again?
I'm right here -
waiting for you

Let me know -
will you?
Will you be my
loving home again?

This love

Don't run away from
this love
No need to worry,
my love
I never left you
I'll be here and
in your heart

Don't worry,
my love
I never pushed
you away
I never gave up
on this
No need to worry
Just let it flow
easily, so it can come
back to you easily -
this love!

It never has been
lost anyway -
It's always there
right in the heart.
No need to worry

I'm here for you -
always!

Don't leave me,
I never left you -
the love that we
share is there.

No need to worry,
I'm here for you!

Granted

Never take me
for granted,
I'm here for you,
if need me to
But don't don't
assume you know
me that well

I never take you
for granted,
I'm glad that you're
here with me.

Gift

You see, it's true -
my gift for you
My love for you
No one else knows
what it is!
No one else cares!
So, it's just the two
of us -

So, it's only you
and me without
any outside trouble -
in this beautiful
moment, in which
we have each other

We can protect each
other and gain strength
for fighting every
day struggles -
for going into the world
outside to be the best
we can

And do the best
we can!
For it's true -
Don't you see?

       I love you!

Smile for me

Smile for me -
Just one smile!
It lights up my day
It ends all nights
I feel

It helps me through
the dreadful days
Making me feel like
seeing a glimpse
of heaven

Give one smile and
I survive and
I know, I can reach
the stars
And I can fly through
the sky

'Cause your smile
is only for me!

You belong to me

You belong to me
No more looking for
a rubbish fantasy
This is real
No more sorrows
No more regrets

Just be mine, 'cause
You belong to me
This is the new beginning
you were looking for
Not an illusion from
your mind - I'm here
I'm real and
You belong to me

No more hunting for
silly fantasies
that distract you from
your true nature
I know you and your flaws
and still want you with me
Don't stay, where you
don't belong

Together we can live
our dreams and make
them real, 'cause

You belong to me
As I belong to you

Together we can reach
new goals and find
a new destiny
We find a way through
the haze to see
the sun shine again

'Cause you belong to me
As I belong to you!

Du

Du bist mein Leben
Du bist meine Liebe
Du bist mein Herz
Du - nur du allein

Du hast meine Liebe
Du hast mein Herz
Du bist mein Leben

Ich liebe dich,
mein Schatz!

Ergreife mein Herz,
lasse es niemals los,
denn ich weiß, dass
du mich so liebst
wie ich bin!

🙵 🙶

Das sind nur die Gedanken, von denen ich die Meisten online gepostet hatte, um zu zeigen, dass ich - trotz wirrem Hirn - diese Eindrücke kreativ umsetze als Songs, Grüße, Karten,
Spruchbilder, etc. in Deutsch und Englisch
und zwei von den Bildern, die ich gezeichnet habe.
Darüber hinaus habe ich viel fotografiert in letzter Zeit.
Ich habe alles so verfasst wie ich es in dem Moment gefühlt habe – manches ist eben kurz und manches lang! So ist das Leben.

                                                         Eure Astrid